Katja Königsberg

Einhorngeschichten

Mit Bildern von Elke Broska

Ravensburger Buchverlag

Bibliografische Information der Deutschen Nationalbibliothek:

Die Deutsche Nationalbibliothek verzeichnet diese Publikation
in der Deutschen Nationalbibliografie.
Detaillierte bibliografische Daten sind im Internet
über http://dnb.d-nb.de abrufbar.

7 8 9   E D C B A

Ravensburger Leserabe
© 2013 Ravensburger Buchverlag Otto Maier GmbH
Umschlagbild: Elke Broska
Konzept Leserätsel: Dr. Birgitta Reddig-Korn
Design Leserätsel: Sabine Reddig
Printed in Germany
ISBN 978-3-473-36297-4

www.ravensburger.de
www.leserabe.de

Inhalt

Das Einhorn auf der Ritterburg 4

Das schwarze Einhorn 12

Der Prinz und das Einhorn 20

Das Einhorn und der Jäger 29

Das Einhorn auf der Ritterburg

Ein reicher Ritter hatte
viele Pferde in seinem Reitstall.
Er war sehr stolz darauf
und wollte immer noch mehr.

Einmal ritt er mit zwei Knappen
durch den Wald.

Da begegnete ihnen ein Einhorn.
Der Ritter befahl den Knappen,
das Tier zu fangen
und mitzunehmen.

Aber das Einhorn fühlte sich
nicht wohl auf der Ritterburg.
Es fraß nicht und trank nicht
und ließ keinen in seine Nähe.

Der Ritter war sehr enttäuscht
und verbannte es
in die dunkelste Ecke
des Stalls.

An einem hellen Sommermorgen
kam seine Tochter Elisa dorthin.
Als sie das Einhorn erblickte,
war sie ganz entzückt.

Sie trat vorsichtig heran,
klopfte ihm sanft den Hals
und flüsterte ihm etwas ins Ohr.

Es schnaubte leise
und senkte den Kopf.

Elisa stieg auf seinen Rücken
und ritt durch das Tor in den Wald.
Der Ritter und alle Knappen
sahen den beiden staunend nach.

Auf der Waldwiese am Bach
blieb das Einhorn stehen.
Es fraß das saftige Gras
und trank das frische Wasser.

Elisa stieg ab und sagte:
„Lauf in die Freiheit!"
Da trabte das Einhorn
glücklich davon.

Elisa kehrte zu Fuß
in die Burg ihres Vaters zurück.

Geschafft!
Hier kannst du
den ersten Sticker
einkleben!

Kapitel 1

Das schwarze Einhorn

Eine Einhorn-Familie
hatte drei Kinder.
Die zwei ältesten waren
genauso weiß wie die Eltern.

Aber das jüngste war schwarz.
Das gefiel ihm gar nicht.

Wenn es im See
sein Spiegelbild sah,
fuhr es erschrocken zurück.

Und wenn es
mit seinen Geschwistern
durch den Wald lief,
schämte es sich.

Eines Nachts schlich es heimlich davon.

Es gab sich große Mühe, weiß zu werden.
Es badete im See.

Es wälzte sich im Gras.

Es rieb sein Fell
an der rauen Rinde der Bäume.

Alles vergeblich!
Müde und traurig
lag das schwarze Einhorn
schließlich am Waldrand.

Da kam eine Fee vorüber.
Sie blieb stehen und sagte:
„So ein schönes Tier wie dich
habe ich noch nie gesehen!"
Das Einhorn seufzte:
„Aber ich bin doch schwarz!"

„Ja, du bist etwas Besonderes",
antwortete die Fee.
„Eben darum finde ich dich
schöner als alle anderen Tiere."

Da war das Einhorn sehr froh.
Es blieb bei der Fee
und trug sie durch den Wald.
Ein solches Reittier hatte die Fee
sich schon lange gewünscht.

Kapitel 2

Der Prinz und das Einhorn

Es lebte einmal ein König,
der hatte eine schöne Tochter.
Viele Prinzen wollten sie heiraten.

Aber die Prinzessin sagte:
„Ich möchte mir meinen Mann
selbst aussuchen!"

Da lud der König zwölf Prinzen ein,
auf sein Schloss zu kommen.
Elf Prinzen kamen zu Pferd.
Der zwölfte ritt auf einem Einhorn.

Die Prinzessin gab allen
freundlich die Hand.
Danach ging sie mit jedem
im Schlosspark spazieren.

Der Prinz mit dem Einhorn
gefiel ihr am besten.
Leider konnte sie ihm das
weder zeigen noch sagen.
Sie war zu schüchtern.

Sie ging in ihr Zimmer
und weinte.

23

Dann hatte sie eine Idee.
Sie lief schnell zu ihrem Vater
und erzählte ihm davon.

Der König lachte und nickte.

Auf Befehl des Königs nahmen
die Prinzen und ihre Reittiere
Aufstellung unten im Schlosshof.

Die Prinzessin rief vom Balkon:
„Wer meinen Armreif fängt,
soll mein Gemahl werden."

Elf Prinzen reckten
ihre Lanzen und Speere.
Nur der Prinz mit dem Einhorn
saß still im Sattel.
Die Prinzessin nahm den Armreif
und warf ihn hinab.

Unter den Pferden
gab es ein wildes Durcheinander.
Aber das Einhorn
hob ruhig den Kopf
und fing den Armreif
mit seinem Horn mühelos auf.

Die Prinzessin eilte hinunter,
klopfte dem Einhorn den Hals
und umarmte den Prinzen.
Bald wurde im Schloss
eine prächtige Hochzeit gefeiert.

Kapitel 3

Das Einhorn und der Jäger

Mitten im Wald
lebte einmal ein Einhorn.
Der Wald war schöner
als jeder andere.

Wo das Einhorn entlanglief,
trugen die Bäume mehr Laub
und die Sträucher mehr Beeren.
Das Moos war weicher
und das Farnkraut wuchs höher.
Alle Tiere liebten das Einhorn.

Aber eines Tages kam ein Jäger.
Der sah das Einhorn und dachte:
Das schöne Horn dieses Tieres
muss ich unbedingt haben!
Von da an ließ er das Einhorn
nicht mehr aus den Augen.

Als es einmal unter einem Baum
tief und fest schlief,
setzte er sich auf seinen Rücken
und brach das Horn ab.

Dann rannte er mit seiner Beute
in Windeseile davon.

Das Einhorn erwachte
von heftigen Schmerzen.
Sofort ahnte es Böses
und lief zum See.
Als es sein Spiegelbild sah,
erschrak es zu Tode.

Ohne Horn sollte es
niemand sehen.
Es verkroch sich in seiner Höhle
und kam nicht wieder heraus.

Da verloren die Bäume ihr Laub
und die Sträucher ihre Beeren.
Das Moos schrumpfte
und das Farnkraut welkte.
Alle Tiere waren sehr traurig.

Viele Wochen vergingen.
Eines Tages merkte das Einhorn,
dass sich an seiner Stirn
etwas verändert hatte.

Es verließ seine Höhle
und trabte eilig zum See.
Oh Wunder!

Im Wasser sah es:
Sein Horn war nachgewachsen!

Voller Glück lief das Einhorn
kreuz und quer durch den Wald.
Da trieben die Bäume neues Laub
und an den Sträuchern
hingen die saftigsten Beeren.

Bald war das Moos so weich
und das Farnkraut so groß
wie noch nie.

Alle Tiere tanzten vor Freude
um das Einhorn herum.

Kapitel 4

Leserabe Leserätsel

Rätsel 1

Seltsam, seltsam

Welches Wort stimmt? Kreuze an!

Die Tochter des Königs ist eine
○ Prinz
○ Prenzissin
☒ Prinzessin

Reiter sitzen in einem
☒ Sattel
○ Sockel
○ Dattel

Bäume tragen
○ Lauf
☒ Laub
○ Staub

Rätsel 2

Zahlen, Zahlen

Findest du die richtige Seite? Trage die Zahl ein!

Auf Seite _29_ steht zwei Mal **Wald**.

Auf Seite _11_ steht zwei Mal **Elisa**.

Auf Seite _15_ steht ein Mal **Rinde**.

40

Kreuz und quer

Rätsel 3

Fülle die Kästchen aus!
Schreibe Großbuchstaben:
Brot ➜ BROT

E i n h o R N
           i
           t
           T

F e e
           R
           B
           u
L
A R m r E I F
n   G
z
e

Lösungen:
Rätsel 1: Prinzessin, Sattel, Laub
Rätsel 2: 29, 11, 15
Rätsel 3: Lanze, Ritterburg, Einhorn, Fee, Armreif

Rätsel 4

Rätsel für die Rabenpost

Fülle die Lücken aus. Trage die Buchstaben in die richtigen Kästchen ein. So findest du das Lösungswort für die Rabenpost heraus!

Elisa kehrte zu Fuß in die ⟨B|**1**|U|V|G⟩ ihres Vaters zurück. (Seite 11)

Um weiß zu werden, wälzte sich das schwarze Einhorn im ⟨G|V|a|**2**|S⟩. (Seite 15)

Nur der Prinz mit dem Einhorn saß still im ⟨S|a|T|T|e|**3**|L⟩. (Seite 26)

Alle Tiere tanzten vor Freude um das ⟨E|i|N|h|o|**4**|r|N⟩ herum. (Seite 39)

Lösungswort:

⟨B|**1**|a|**2**|l|**3**|K|e|**4**|N⟩

Rabenpost

Herzlichen Glückwunsch!

Du hast das ganze Buch geschafft und die Rätsel gelöst, super!!!

Jetzt ist es Zeit für die Rabenpost. Wenn du das Lösungswort auf Seite 42 herausgefunden hast, kannst du tolle Preise gewinnen!

Gib es auf der Website ein

▶ www.leserabe.de,

mail es uns ▶ leserabe@ravensburger.de

oder schick es mit der Post.

Lösungswort:

An
den LESERABEN
RABENPOST
Postfach 2007
88190 Ravensburg
Deutschland

Ravensburger Bücher

Lesen lernen mit Spaß!
In drei Stufen vom Lesestarter zum Überflieger

ISBN 978-3-473-**36437**-4

ISBN 978-3-473-**36438**-1

1. Lesestufe

ISBN 978-3-473-**36440**-4

ISBN 978-3-473-**36441**-1

2. Lesestufe

ISBN 978-3-473-**36442**-8

ISBN 978-3-473-**36444**-2

3. Lesestufe

"Auf geht's ins Lese-Abenteuer!"

www.leserabe.de

Ravensburger

ERZ_14_000